AF214541

BANQUET

OFFERT

PAR LE CORPS MÉDICAL DE FRANCE

AUX MÉDECINS

DE L'ARMÉE ET DE LA FLOTTE D'ORIENT

Le 20 août 1856.

PARIS

VICTOR ROZIER, ÉDITEUR, RUE CHILDEBERT, 11.

PRÈS LA PLACE SAINT-GERMAIN-DES-PRÉS.

1856.

Paris. — Imprimerie Walder, rue Bonaparte, 44.

La Commission qui a organisé le banquet offert aux médecins de l'armée et de la flotte françaises d'Orient a voulu laisser un souvenir de cette grande et belle manifestation, et elle a réuni dans cette brochure les discours prononcés dans cette circonstance, la liste des invités et des souscripteurs, ainsi que l'appréciation de la fête par les divers organes de la presse médicale.

Un exemplaire de ce recueil est offert par la Commission à toutes les personnes qui ont assisté au banquet.

Avaient été engagés à prendre part à cette fête comme souscripteurs :

MM.

Les médecins civils,

Les médecins de l'armée et de la flotte qui n'ont point pris part à la guerre d'Orient,

Les aides-majors stagiaires du Val-de-Grâce,

Les internes des hôpitaux de Paris.

La Commission, voulant honorer en même temps, et nos confrères de France et les médecins des nations alliées qui ont fait avec eux l'expédition de Crimée, écrivit aux ambassadeurs de la Grande-Bretagne, de la Sardaigne et de l'empire Ottoman une lettre ainsi conçue :

A son Excellence Monsieur l'ambassadeur de .

Excellence,

Pendant le cours de la guerre d'Orient et dans les circonstances difficiles qu'ils ont eu à traverser, les médecins des armées et des flottes alliées se sont distingués par leur courage et leur dévouement. Chacun se plaît encore à rendre hommage à leur éclatante conduite.

Les médecins français, fiers de leurs confrères, et reconnaissants de la nouvelle gloire que ceux-ci ont acquise à la profession médicale ont jugé à propos de joindre aux témoignages de la sympathie publique celui de leur gratitude et de leur admiration particulières. Ils ont décidé, en conséquence, qu'un banquet serait offert, au nom du corps médical de France, aux médecins de l'armée et de la flotte françaises qui ont pris part à l'expédition d'Orient.

Nous aurions voulu inviter à cette fête de famille les médecins des trois nations amies qui ont partagé avec nos confrères les dangers, les fatigues et les honneurs de la guerre, mais l'éloignement eût rendu impossible une semblable réunion.

Nous n'en avons pas moins pensé que notre manifestation serait incomplète, et qu'elle laisserait quelque chose à désirer, si elle avait lieu en l'absence de tout médecin de l'Angleterre, de la Sardaigne, de la Turquie.

Il nous serait donc bien agréable qu'un ou plusieurs médecins de chacun de ces pays vinssent, au nom de leurs confrères nationaux, s'asseoir à notre banquet.

Nous avons l'honneur de vous exprimer ce désir et nous vous prions, Monsieur l'ambassadeur, d'être notre interprète auprès de votre gouvernement en lui demandant de vouloir bien, parmi les médecins (anglais, piémontais, turc) qui ont fait partie de l'expédition d'Orient, en désigner deux pour venir représenter à notre banquet le corps de santé militaire de votre nation.

Nous serons heureux d'honorer, dans la personne de ces deux représentants, tant de dignes médecins d'votre armée à côté desquels nos confrères de France ont été si fiers de défendre, pendant deux ans, la cause sacrée du droit et de l'humanité.

Veuillez agréer, etc.

Les gouvernements alliés se rendirent avec empressement au vœu de la commission et ils nommèrent pour représenter à notre banquet le corps de santé militaire de leurs pays des délégués dont les noms et titres se trouvent plus loin, en tête de la liste de nos invités.

Nous ne saurions mieux faire connaître la sincère admiration qu'a produite en France la conduite glorieuse des médecins de l'armée et de la flotte qu'en rapportant, parmi un grand nombre de témoignages de sympathie, la mesure suivante prise par les compagnies des chemins de fer.

«Les administrateurs de ces compagnies voulant, nous écrivaient-ils, témoigner leur haute considération pour les médecins de l'armée, et s'associer à la manifestation préparée en leur honneur, ont décidé qu'une diminution considérable sera faite sur le prix du voyage (aller et retour) aux médecins des départements qui viendront à Paris pour assister au banquet. »

Une pareille décision honore autant ceux qui en sont les auteurs que ceux qu'elle concerne particulièrement. Au nom des médecins de l'armée d'Orient et au nom du corps médical tout entier, nous remercions les administrateurs des chemins de fer de leur généreux et patriotique désintéressement.

Chacun applaudira de tout son cœur à de pareils témoignages d'estime décernés par leurs concitoyens aux officiers de santé de l'armée d'Orient.

Disons-le, au reste, et proclamons-le aussi haut que possible, ils méritent bien la reconnaissance et l'admiration de tous, ces médecins qui, pendant deux ans, ont servi sans bruit, sans éclat, mais avec tant de zèle, la cause de notre patrie et de l'humanité. Depuis Varna jusqu'à Sébastopol, dans les hôpitaux et dans les ambulances, sous le feu de l'ennemi et au milieu de meurtrières épidémies, combien d'actes d'abnégation et de courage, quel long dévouement de leur part ! Tous tombent malades, beaucoup meurent, qu'importe, leur devoir est de se dévouer, et aucun n'abandonne le poste où il a été placé. Dans l'épidémie de choléra qui sévit avec tant de violence sur notre armée dans la Dobrutcha, ils se montrent si actifs, que malgré des difficultés et des fatigues inouïes, malgré l'insuffisance de leur nombre, aucun soldat ne manque de secours. Varna rappelle le zèle et le dévouement de nos médecins militaires, comme Alma, Inkermann, Sébastopol rappellent la valeur de nos troupes.

Plus tard, lorsque le typhus vint ajouter ses horreurs à celles de la guerre, leur conduite continue d'être admirable. Dans l'ambulance de la 1re division du 3me corps, 15 médecins sur 16 sont frappés de la maladie. 39 succombent dans l'espace de trois mois ; ceux qui survivent, loin d'être abattus, semblent redoubler de courage ; ils ne se reposeront que lorsque le fléau sera vaincu ; ils ne reviendront en France que lorsque notre dernier soldat pourra revenir avec eux.

Le chiffre des médecins de l'armée et de la flotte qui ont trouvé la mort en Orient est de 94. Ces nobles victimes, l'armée ne les a point oubliées. Elle les a vues sous le feu de l'ennemi, elle les a suivies avec admiration auprès des soldats atteints des épidémies. Elle conserve à toutes un souvenir d'estime et de reconnaissance.

Jamais donc, grâce au corps de santé de l'armée d'Orient, jamais la médecine militaire n'a brillé d'un plus vif éclat. En toute occasion, elle s'est montrée la digne sœur de la médecine civile qui, elle aussi, dans des épidémies cruelles que la France n'a pas oubliées, a fait preuve de tant d'abnégation et d'humanité.

Mais nous avons hâte d'arriver à la solennité du 20 août. On ne pouvait tracer la narration de cette fête brillante mieux que ne l'a fait M. Amédée Latour. Nous laissons donc maintenant parler le rédacteur en chef de l'*Union médicale :*

LA

FÊTE DU 20 AOUT.

La fête du 20 août a été magnifique. Elle laissera une longue
impression sur l'esprit et sur le cœur. Depuis le Congrès médical, il n'y avait pas eu de réunion de médecins aussi nom-
breuse et aussi imposante. Près de cinq cents de nos confrères, venus de tous les points de la France, et plusieurs
médecins étrangers, se sont associés à cette belle manifestation
confraternelle, qui eût été plus belle encore sans les hésitations
et les embarras des derniers jours, et qu'il faut confraternelle-
ment rejeter sur un malentendu fâcheux. A la dernière heure,
pour ainsi dire, tout s'est éclairci, les préventions se sont dissi-
pées, les susceptibilités se sont éteintes, les appréhensions se
sont calmées, et, comme nous l'avions toujours espéré, ceux-là
mêmes qui avaient manifesté le plus de craintes, vaincus par l'évi-
dence, vaincus par l'insistance aussi prudente que ferme de la
Commission et de son digne président, sont venus s'asseoir à ce
Banquet mémorable. Honneur à eux ! Honneur à tous ! Oubli,
union, confraternité, force nouvelle pour tous les éléments de
la famille, voilà ce qui doit ressortir de ce Banquet, même après
ses orages, comme après le trouble et les agitations de la fer-
mentation se dépose et coule un vin limpide et généreux.

Dès sept heures, invités et invitants arrivaient dans la grande
cour couverte de l'Hôtel du Louvre, où chaque convive rece-
vait une carte qui lui indiquait le numéro de la table et le nu-

méro de la place qu'il devait occuper à cette table. Cette simple et utile mesure a évité les embarras et la confusion des premiers instants, et quand la salle du festin a été ouverte, chacun a trouvé sa place avec facilité et sans désordre.

Cette salle du festin est imposante comme une galerie de Versailles. A la magnifique décoration dont elle est ornée, la commission avait fait ajouter les drapeaux, les trophées et les emblêmes des armées alliées, et lorsque toute l'assistance a été assise, le coup d'œil de cette immense assemblée était vraiment féerique. L'éclat des lustres, la beauté du décor, le nombre des convives parallèlement rangés le long des neuf immenses tables, le scintillement et la variété des costumes et des insignes, les invités militaires placés entre les invitants civils, l'animation, la gaieté, la bonne et douce confraternité qui se peignaient sur tous les visages, tout cela formait un spectacle, que n'oublieront jamais ceux qui l'ont vu, et qui, dans tous les cœurs, a fait naître le désir de le revoir encore.

A l'une des extrémités de la salle du Banquet, et dominant toute l'assemblée, avait été dressée la table où s'est assis M. le Président de la Commission, autour de laquelle étaient groupés MM. les médecins envoyés par les gouvernements alliés de la Grande-Bretagne, de la Sardaigne et de l'Empire ottoman.

M. Bégin, président du Conseil de santé des armées, MM. Michel Lévy et Baudens, MM. Larrey, Scrive, Scoutetten, à côté de MM. Rayer, Bouillaud, Nélaton, membres de la Commission ; puis venaient les professeurs du Val-de-Grâce, les médecins invités de l'armée d'Orient, encadrés dans un groupe d'invitants, chaque table étant présidée par un membre de la Commission, portant comme signe un ruban bleu frangé d'or.

Malgré l'étendue de la salle du festin, il a fallu, au grand regret de la Commission, dresser quelques tables supplémentaires dans la grande galerie de réception, et, à son plus grand regret encore, il a fallu, dès mardi soir, refuser la souscription d'un grand nombre de rétardataires. Huit jours plus tard, et

2 ·

quelques embarras préliminaires de moins, et ce n'était plus le grand Hôtel du Louvre qui eût pu réunir la foule des invités et des invitants, c'était au Jardin-d'Hiver qu'il eût fallu transporter cette immense table confraternelle.

Le vin de Champagne pétille dans les verres, et, par une impulsion irrésistible, unanime et soudaine, tous les convives se lèvent et le choc des verres, le serrement des mains, les effusions les plus chaudes jettent sur ce moment de fraternisation une émotion indicible. Voilà, voilà la véritable et sincère signification de la fête.

Mais M. le président Paul Dubois s'avance vers le milieu de l'assemblée; le plus profond silence s'établit, et l'illustre président de la Commission prononce le discours suivant :

Messieurs et chers confrères,

Lorsqu'au milieu de l'émotion la plus vive et la plus profonde, Paris vit rentrer dans ses murs les premières colonnes de notre armée victorieuse, une voix illustre et puissante rappela, dans un magnifique langage, qu'après les guerres heureuses de la République, le Sénat et les consuls allaient aux portes de Rome pour recevoir et féliciter leurs légions triomphantes.

La fête qui nous rassemble ne saurait avoir le prestige de ces grands souvenirs, mais elle tend au même but moral; elle a lieu dans les mêmes circonstances; elle est inspirée par les mêmes sentiments, et la table hospitalière, à laquelle nos invités sont venus s'asseoir, est le symbole modeste de ces anciennes et sympathiques ovations. (Applaudissements.)

Vous le savez, mes chers confrères, un double sentiment de reconnaissante admiration et de pieux patriotisme a inspiré la pensée de cette réunion confraternelle. Nous avons voulu féliciter et fêter ceux de nos confrères de l'armée et de la flotte d'Orient, qui ont eu l'heureuse fortune de braver les dangers et de résister aux labeurs indicibles d'une guerre formidable et lointaine. Nous avons voulu signaler à la haute estime et à la gratitude de notre pays l'humanité courageuse et habile dont ils ont donné tant de preuves.

Mais un devoir plus impérieux encore nous était imposé, celui d'invoquer le souvenir et de glorifier la mémoire de ceux de nos confrères qui, dans l'accomplissement de leurs fonctions périlleuses, sont tombés victimes de leur zèle et de leur dévouement.

Vous avez répondu à notre appel avec un empressement digne de la noble profession à laquelle vous appartenez, des grands événements qui viennent de s'accomplir et de l'œuvre sainte à laquelle vous vous êtes libéralement associés.

Lorsque pour assister à cette réunion vous avez presque tous franchi de grandes distances, et délaissé vos occupations et vos familles, vous ne vous êtes pas mépris sur le caractère et sur la portée de cette imposante manifestation. Vous n'avez songé ni au choix de l'heure et du lieu, ni aux détails secondaires et insignifiants de la forme qu'elle revêtirait, vous n'avez eu qu'une pensée, celle de donner un grand et généreux exemple de patriotisme et d'union confraternelle. C'est à l'expression de ces sentiments élevés que se sont associés les gouvernements de la Grande-Bretagne, de la Sardaigne et de l'Empire Ottoman lorsqu'ils nous ont fait l'honneur de choisir pour représenter la médecine militaire de leurs nations les hôtes illustres qui sont assis à nos côtés.

Mais quelque éclatants que soient les témoignages de votre gratitude, ne craignez pas qu'ils puissent être supérieurs aux mérites que vous voulez honorer. Nos confrères ont dû malheuseusement donner l'exemple de tous les courages. (Applaudissements.)

Dans cette guerre de siége, l'ambulance était pour ainsi dire sur le champ de bataille, elle touchait à la tranchée, et là, protégés imparfaitement par des murs délabrés, confondus avec des bataillons accroupis dans la neige et dans la boue, à travers les balles et les obus, les représentants du corps médical veillaient jour et nuit, et quand sonna l'heure de l'attaque du Mamelon-Vert ou de la tour Malakoff, le sang de plusieurs d'entre eux, blessés dans les colonnes d'assaut, se mêla à celui de leurs compagnons d'armes et scella cette noble et suprême communauté.

Mais ce champ de bataille sur lequel se déployaient les qualités brillantes de nos soldats, l'intrépidité, la bravoure, l'ardeur impétueuse et irrésistible, le champ de bataille n'est pas le théâtre exclusif de tous les courages et de tous les dévouements. La force d'âme, le respect inébranlable du devoir, porté jusqu'à l'héroïsme, se sont montrés souvent sur une autre scène, annexe douloureux et inséparable du champ de bataille, l'hôpital.

Aucun des fléaux qui naissent sous les pas des armées nombreuses, qu'elles traînent fatalement après elles, et qui les déciment sans relâche, aucun de ces fléaux n'a épargné notre armée d'Orient. Afin de suspendre ou du moins de modérer, si cela était possible, les conséquences redoutables de cette calamité, on s'empressa de créer des hôpitaux sur les hauteurs qui dominent Constantinople et sur les rives du Bosphore et des Dardanelles. Mais des transports périodiques et nombreux de la Crimée les remplirent trop rapidement, et ces asiles de la souffrance et du courage malheureux devinrent en quelques jours des foyers pestilentiels.

La conscience d'un péril dont ils connaissaient toute l'étendue, n'ébranla pas un instant, chez nos confrères, la conscience de leur devoir; ils le remplirent jusqu'à la fin, avec la constance et l'abnégation des âmes fortement trempées; beaucoup d'entre eux succombèrent, et tel est aujourd'hui le nombre connu de ces glorieuses victimes, qu'il n'a point d'égal dans les différents corps d'officiers de l'armée d'Orient. Ces pertes sont douloureuses, elles laissent des veuves et des orphelins dans un état voisin de l'indigence. Un loi, devant l'autorité de laquelle nous devons nous incliner, aurait pu adoucir des situations regrettables, elle l'a fait incomplétement.

Nous venons d'honorer par une manifestation bien méritée le corps médical de l'armée d'Orient dans la personne de ceux qui le représentent à ce banquet. Après cette justice éclatante rendue aux vivants, honorons utilement la mémoire des morts : nous ne le ferons jamais mieux, mes chers confrères, qu'en soulageant, autant qu'il est en noús, les veuves et les orphelins qui sont restés sans fortune et sans appui.

Les acclamations unanimes de l'assemblée et une triple salve d'applaudissements accueillent ces éloquentes et touchantes paroles.

M. le Président reprend la parole et annonce qu'il va porter les toasts et qu'il les produira successivement.

L'assemblée se lève et M. Paul Dubois s'exprime ainsi :

A l'Empereur!

Sa sollicitude pour tout ce qui touche à l'honneur et au bien-être de l'armée ne s'est jamais démentie. En aucun temps elle ne fut plus active et plus efficace que dans la guerre qu'il a terminée par une paix glorieuse.

Puisse la médecine militaire lui devoir un jour le rang et les avantages que possèdent les autres hiérarchies de l'armée, et qui assureraient la considération et le bien-être dont elle est si digne.

Puisse cette sollicitude bienveillante et généreuse ajouter son puissant concours à nos propres efforts pour le soulagement des veuves et des orphelins que la mort de nos confrères a laissés sans fortune et sans appui. (Applaudissements.)

A la mémoire des médecins de l'armée de la flotte d'Orient qui ont glorieusement rempli leur devoir, et sont tombés victimes généreuses de leur zèle et de leur dévouement. (Applaudissements.)

A nos confrères de l'armée de la flotte d'Orient qui, par leur humanité courageuse, habile et infatigable, ont mérité l'admiration et la reconnaisance de leurs concitoyens. (Applaudissements.)

Aux membres du corps médical de la Grande-Bretagne, de la Sardaigne et de l'Empire ottoman qui nous ont fait l'honneur d'assister à ce banquet. L'union politique de ces puissances a fait notre force. Que notre union confraternelle soit la consécration de notre estime et de notre affection réciproques. (Applaudissements.)

M. le Président regagne sa place au milieu des bravos de l'assemblée. Au bout de quelques instants le silence se rétablit et

M. Bégin, président du Conseil de santé des armées , prend
la parole en ces termes :

Messieurs,

Vous trouverez naturel sans doute que le plus ancien des médecins de l'armée ajoute quelques mots aux paroles chaleureuses que
vient de vous adresser le digne doyen de la Faculté de médecine
de Paris.

Puissent les vœux qu'il a si parfaitement exposés, avec la double
autorité d'une haute raison et d'une mûre expérience, en faveur
du corps médical militaire, arriver jusqu'au chef auguste à qui
aucune amélioration n'est présentée en vain.

Après une guerre glorieuse qui illumine de l'éclat de la victoire
les conquêtes merveilleuses et pacifiques des sciences, des arts et
de l'industrie, c'est une fête de famille douce à nos cœurs que celle
dans laquelle nous honorons ceux des officiers de santé de l'armée
qui ont prodigué, avec tant de constance et de dévouement, aux
braves de tous les grades, atteints par le feu de l'ennemi ou par le
fléau des contagions, les secours de notre art réparateur.

Médecins de l'armée d'Orient, vos camarades, retenus en France
par le devoir, ont suivi avec un anxieux intérêt vos pénibles travaux ; ils ont partagé, par la pensée et par le cœur, vos fatigues et
vos dangers ; ils ont applaudi avec transport à vos services courageux autant qu'éclairés ; ils vous sont reconnaissants du lustre que
vous avez jeté sur le corps médical tout entier, en obligeant la
voix pubique de proclamer que, fidèle à sa tradition, il a, cette fois
encore, bien mérité de la science, de l'armée et du pays.

Et vous, très-honorables confrères des armées alliées de la
France, nous nous félicitons de vous voir réunis dans ce banquet,
comme vous l'étiez naguère sur le champ de bataille et dans les
hôpitaux, à nos camarades de l'armée d'Orient. Ils ont admiré
votre organisation hospitalière, un grand nombre de vos moyens
d'actions, et surtout l'habileté et l'excellente direction pratique de
vos services. Ces souvenirs ne s'effaceront pas parmi nous. Recevez et transmettez à vos collaborateurs le témoignage de parfaite
estime que je suis heureux de voux exprimer au nom de la médecine française.

Messieurs, si la médecine est *une* dans son origine, dans ses
principes, dans ses études, cette unité se montre encore bien plus
fortement encore dans son esprit et dans l'accomplissement du
devoir qu'elle impose. Partout où il y a une douleur à soulager, le
médecin accourt tout d'abord.

Exercée dans la population isolée de nos campagnes ou au milieu des classes pauvres de nos cités, sollicitée aux profit de tous
pendant des épidémies meurtrières ou à la suite de sinistres catas-
trophes, la profession médicale s'élève, dans l'ordre civil comme
à l'armée, à la hauteur d'un sacerdoce, auquel, à la gloire de
notre patrie, elle est toujours restée fidèle. (Applaudissements.)

Les médecins de l'armée sont profondément touchés des sentiments qui ont inspiré cette réunion, où ils reconnaissent avec bonheur des condisciples, des émules et des maîtres. Ce jour aura de l'écho dans l'avenir. il resserre encore, s'il est possible, les liens qui ont uni, dans tous les temps, les enfants de la même famille lorsqu'il s'est agi du progrès de l'art et de l'amour de l'humanité. (Bravos.)

A nos confrères de la médecine civile, reconnaissance pour leur cordial accueil !

Cette allocution est suivie des applaudissements unanimes de l'assemblée.

M. le docteur JULES ROUX, Chirurgien en chef de la marine à Toulon, s'avance vers la tribune et prononce le discours suivant :

Messieurs et chers confrères,

Que de motifs de reconnaissance et de joie pour les médecins de la marine, quand ils apprendront quels ont été, à leur égard, votre accueil, vos paroles et vos sentiments dans cette grande et solennelle réunion ! Vous leur avez prodigué tout ce que la bienveillance a de plus délicat, le langage le plus flatteur, le cœur le plus chaleureux, et pour répondre à tant de témoignages de sympathie confraternelle, c'est moi que vous choisissez pour parler en leur nom dans cette imposante assemblée ! Combien je regrette davantage encore que M. Quoy, inspecteur-général du service de santé de la marine, soit retenu loin de cette enceinte ; nul mieux que lui, n'eût répondu au toast du président du banquet et aux acclamations unanimes de nos confrères : l'âge, l'élévation du grade, la distinction du mérite, ne permettant qu'à lui seul d'honorer le corps médical de France par un juste hommage rendu

A la commission du banquet,

A l'illustre doyen de la Faculté de médecine de Paris, M. le docteur baron Paul Dubois. (Applaudissements.)

A l'illustre président du Conseil de santé des armées, M. le docteur Bégin. (Applaudissements.)

Au modeste promoteur de cette magnifique fête, M. le docteur Maheux. (Applaudissements.)

Dans son absence, je ne puis décliner l'honneur de le représenter ici et de parler au nom de mes confrères de l'armée navale ; mais permettez-moi, je vous prie, d'accepter ce périlleux honneur comme un devoir et en échange de votre hospitalité.

Recevez, messieurs, les remercîments bien sentis et l'expression de la profonde gratitude de tous les médecins de la flotte, pour votre invitation à ce banquet splendide, dont la pensée restera dans nos annales comme une éclatante manifestation de votre estime pour leur savoir, de votre admiration pour leur dévouement. (Applaudissements.)

Vous le savez, messieurs, la médecine s'exerce en France dans trois conditions, *la vie civile, l'armée, la marine.* Mais ces trois lignes de notre noble profession sont comme les embranchements d'une même famille, ou, si vous l'aimez mieux, comme trois sœurs que le même cœur anime et que dirigent les mêmes instincts. (Approbation.)

Dès nos premiers pas dans la carrière, nous avons appris à aimer nos confrères honorables qui, dans les campagnes et dans les villes, sous le chaume comme sous les lambris dorés, dans les temps calmes comme dans les jours d'agitations et d'épidémies, répandent sans cesse les secours d'un art bienfaiteur ; nous avons appris à admirer ceux qui, dans les hôpitaux, la presse, la littérature médicale, les arts utiles à notre profession, consacrent, chaque jour, les plus belles facultés de l'esprit et les impulsions du génie, au bien de l'humanité, au développement de la science, au perfectionnement de nos institutions ; nous avons appris à vénérer les intelligences d'élite qui, dans les Facultés, les Sociétés savantes, l'Académie, l'Institut, par la grandeur de l'enseignement et la consécration du progrès, sont la gloire et l'éternel honneur de la médecine française. (Applaudissements.)

Vous connaissez, messieurs, comme nous les connaissons nous-mêmes, nos braves camarades de l'armée ; ils ont le bonheur d'avoir des hôpitaux, une école de médecine dans la capitale, de vivre en grand nombre au milieu de vous, et de s'associer à toutes vos réunions. Vous savez qu'aussi instruits que modestes, aussi courageux qu'infatigables, ils sont si dévoués que, chez eux, l'abnégation est une vertu vulgaire : et vous appréciez tous, au degré de leur haute valeur, ces chefs éminents qui, par la distinction de leurs services, l'importance de leurs travaux, la supériorité de leurs talents, dignes émules des Percy, des Broussais, des Desgenettes, des Larrey, jettent le plus vif éclat sur la médecine militaire.

Il faut en convenir, messieurs, vous connaissez moins les médecins de la marine, également dignes de toutes vos sympathies ; leur destinée est de vivre loin de vous, de n'avoir que très-rarement l'occasion de prendre part à vos fêtes de famille, et de resserrer, avec vous, par l'échange des meilleurs sentiments, les liens de la plus cordiale confraternité. Les nécessités du service les retenant habituellement à la mer ou dans les hôpitaux des ports, ce n'est qu'exceptionnellement, et pour ainsi dire qu'à la dérobée, qu'ils viennent, dans les Facultés, demander le diplôme de docteur, et dans vos hôpitaux chercher le perfectionnement pratique aux inspirations cliniques des grands médecins et des grands chirurgiens dont la France s'honore. Je voudrais vous entretenir encore de vos confrères de l'armée navale, vous dire leur avancement au concours, leurs études sérieuses, leurs connaissances étendues, les services qu'ils rendent à la flotte, les travaux dont ils ont enrichi l'hygiène, la médecine, la chirurgie, l'histoire naturelle, mais je craindrais de m'éloigner du but qui nous rassemble et d'abuser de votre attention si bienveillante pour moi.

Dans le siége mémorable qui vient d'étonner le monde, et dans cette guerre exceptionnelle, la plus grande du siècle, où. secondant les impulsions du chef de l'État, tous ont rivalisé d'intrépidité héroïque, les médecins des armées et des flottes alliées, dans la Baltique comme dans la mer Noire et leurs illustres chefs que j'ai l'honneur de saluer ici, sont constamment restés à la hauteur de leur noble position toute de courage, de science et de charité, Compagnons fidèles des soldats et des matelots, ils les suivaient dans les combats et dans les épidémies, les disputaient à la mitraille comme aux fléaux destructeurs, les protégeaient contre les atteintes d'invisibles ennemis, jusqu'au jour où, frappés comme eux du fer des batailles ou des coups de la contagion, plus de cent les ont accompagnés dans la tombe!

Dans tous les temps, il a été beau de mourir pour la patrie, le glaive à la main, dans l'excitation de la gloire et l'enthousiasme du combat ; c'est là une vertu antique. Mais mourir lentement dans une épidémie. attendre froidement la mort, la recevoir avec fermeté, sans éclat, sans bruit, sans renommée! C'est là plus que de la bravoure, messieurs, c'est de l'héroïsme! (Applaudissements.) Sainte abnégation, fille d'une moderne civilisation ; vertu sublime que l'antiquité payenne aurait divinisée, et que les sociétés contemporaines, grandies sans doute par les exemples de nos confrères, considèrent comme le simple accomplissement du devoir!

Messieurs, nos pères avaient la pieuse coutume de se réunir dans des banquets de famille pour s'entretenir des parents qui n'étaient plus et célébrer leur mémoire. Quel moment plus solennel pour les imiter! Honneur, mille fois honneur au talent, au courage, au dévouement de nos généreux confrères des armées et des flottes d'Orient, morts du choléra, du typhus, au champ d'honneur, au chevet du matelot et du soldat.

Une acclamation unanime accueille cette belle et éloquente oraison, prononcée avec chaleur et émotion.

M. le docteur Baudens, membre du Conseil de santé et inspecteur de l'armée, en Orient, répond de la manière suivante au toast de M. le Président :

Messieurs et très-honorés confrères,

Jamais solennité pareille n'a réuni les membres de la grande famille médicale dont vous êtes les délégués.

Jamais, aussi, les officiers du corps de santé n'avaient trouvé une plus belle occasion de prouver leur dévouement traditionnel à la France, à l'armée, qui les a toujours traités en frères, et dans les rangs de laquelle ils ont toujours été si fiers de compter.

Il appartenait à des hommes de labeur, de science, comme vous, chers confrères, de récompenser par une manifestation encore sans exemple le travail et le savoir. « La gloire s'achète par le tra vail, » disait, il y a peu de jours, le savant et illustre maréchal Vaillant. (Bravos.)

Tandis qu'à l'Alma, à Inkermann, à Tracktir et sur les ruines sanglantes de Sébastopol, nos intrépides soldats burinaiént l'histoire moderne de la Chersonèse Tauride avec leurs baïonnettes victorieuses, le chirurgien parcourait ces glorieux champs de bataille, calme et recueilli au milieu des boulets. Il disputait à la mort ses victimes par d'ingénieux procédés nouveaux, et ajoutait une grande page scientifique au livre des plaies d'armes à feu.

Plus tard, pour préserver l'armée, nous avons isolé le typhus contagieux, nous l'avons emprisonné dans des hôpitaux spéciaux. Y pénétrer, c'était aller au-devant de la mort. Nul n'a reculé devant le danger ; aussi, presque tous les médecins ont-ils été atteints par l'épidémie. Quinze de nos confrères, MM. Arcelin, Gaullet, Caumont, Lambert, Daga, Huard, Didion, Quesnoy, Carmouche, Vansteenkiste, Petibon, Goynard, Darcy, Gouraud, Courbet, avaient été déjà blessés par le feu de l'ennemi.

Plus de quatre-vingts sont morts sur ce champ de bataille des officiers de santé de l'armée où les avait si noblement dirigés leur digne chef, M. Scrive.

Ce dévouement, cette abnégation, vous les aviez inculqués par votre exemple, bien chers et illustres maîtres, à vos élèves de l'armée d'Orient. Ils n'ont voulu que vous imiter en perpétuant les saines traditions des écoles et du corps médical tout entier. Souffrez que je vous rende ici un public et éclatant hommage.

Cette fête fera époque : l'Angleterre, la Turquie, la Sardaigne, en s'y faisant représenter par les plus grands médecins de leurs armées de terre et de mer lui ont donné les proportions d'un véritable événement.

Vous avez, chers confrères, cédé à l'élan et à l'inspiration du cœur ; le sentiment public, si bon appréciateur des pensées généreuses, partage en ce moment vos sympathies.

Le gouvernement de l'Empereur, dont le nom soutenait l'intrépide courage de l'armée et exaltait tous les genres de dévouement ; le vainqueur de Sébastopol, dont l'énergique concours ne nous a jamais fait défaut, vous sauront gré aussi d'avoir, à votre à tour, glorifié l'immortelle campagne de Crimée.

C'est par de tels actes que les professions s'honorent et grandissent dans l'estime publique.

Je propose le toast suivant :

Les médecins de l'armée de Crimée reconnaissants, à leurs confrères de l'ordre civil.

Ce discours, prononcé avec animation, est suivi des plus chauds témoignages de satisfaction de l'assemblée.

Sir JOHN HALL, inspecteur général des hôpitaux anglais en Orient, prononce en anglais l'allocution suivante dont voici la traduction :

Monsieur le baron, Messieurs,

En mon nom et au nom de MM. les médecins de l'armée anglaise employés à la guerre d'Orient, je vous offre mes remercîments pour la manière gracieuse avec laquelle nous, et les médecins des armées alliées, avons été accueillis dans cette réunion mémorable.

Je regrette d'être empêché de m'exprimer dans la langue française, et je le regrette d'autant plus, que plusieurs d'entre vous peut-être, n'entendent pas la langue anglaise. Or, je voudrais que vous pussiez comprendre, messieurs, combien nous tous, médecins de l'armée anglaise, estimons ces médecins de l'armée française que vous avez réunis aujourd'hui dans cette enceinte, et dont vous fêtez l'heureux retour dans la patrie après une campagne si périlleuse et si rude.

Comme chef du département médical de l'armée anglaise, en Orient, pendant toute la durée de la guerre, que de nombreuses occasions n'ai-je pas eues d'admirer le talent, le zèle et le courage de nos braves confrères de France, et leur bonne et utile entente cordiale avec leurs confrères des armées alliées! Je me rappelle avec une vive gratitude les secours que vous nous avez offerts après la bataille de l'Alma, et l'assistance que vous nous avez prêtée en plusieurs occasions pour le transport de nos blessés et de nos malades à Balaclava, pendant l'hiver de 1854, quand nos moyens de transport étaient devenus insuffisants. Je me suis si bien convaincu alors de la supériorié de vos *cacolets* et de vos *litières* sur nos voitures, que j'ai recommandé l'emploi des mêmes moyens dans l'armée anglaise, et que maintenant ils forment une partie de notre équipage pour le champ de bataille.

Une alliance comme celle qui existe entre la France et l'Angleterre devait porter les médecins des armées alliées vers un rapprochement agréable et sincère. Je conserverai toujours un précieux souvenir des occasions qui m'ont valu de faire la connaissance de médecins aussi distingués que MM. Baudens, Michel Lévy, Scrive et tant d'autres, que je peux, je l'espère, compter à l'avenir au nombre de mes meilleurs amis.

Messieurs, un lien nouveau est venu resserrer notre confraternité, c'est la réciprocité des récompenses qui nous ont été accordées par nos gouvernements respectifs. Vous le voyez, comme vous, et grâce à la générosité de l'Empereur, je porte sur la poitrine l'étoile de l'honneur. Je suis fier de cette distinction, et j'en porte les insignes avec orgueil, car tout homme doit se trouver bien honoré d'appartenir à un ordre si célèbre et qui compte tant d'illustres membres.

Notre honorable confrère de la Grande-Bretagne a pu voir, par les applaudissements de l'assemblée, que la langue anglaise. quand elle exprime d'aussi beaux sentiments, est généralement comprise en France.

M. le chevalier **Comisetti**, médecin en chef du corps expéditionnaire sarde, remercie l'assemblée en ces termes :

Chef du corps sanitaire piémontais on Orient, et son représentant à cette mémorable réunion, en même temps que je vous féli-
cite de l'heureuse idée de donner un banquet aux braves confrères de retour de la campagne d'Orient, je vous remercie de toute
mon âme de m'avoir procuré l'honneur de connaître personnelle-
ment tant d'hommes illustres, que j'avais appris depuis longtemps
à suivre, à admirer dans leurs ouvrages scientifiques. Veuillez,
Messieurs, agréer de ma part, et de la part de mes confrères du
Piémont, les félicitations les plus sincères et l'assurance d'une gratitude éternelle.

Permettez-moi de porter un toast à vous tous, Messieurs, au
doyen, digne représentant de la Faculté médicale de Paris, à tout
le corps médical, qui a tant mérité de la science et de l'humanité
par ses productions intellectuelles et son habileté ; à cette illustre
branche de la grande famille sociale qui de tout temps a contribué
si puissamment aux progrès et à la gloire des nations. Puisse ce
banquet rester le symbole éternel de l'union et de la fraternité ;
puisse-t-il étendre son influence et ses bienfaits sur le monde médical entier, et être apprécié par tous, comme sont appréciés les
bienfaits de vos travaux scientifiques. (Applaudissements unanimes.)

M. le colonel-docteur **Sixapian**, professeur à l'école de médecine de Constantinople, répond ainsi au toast de **M.** le Président :

Messieurs,

Vous avez bien voulu m'associer à cette fête fraternelle comme
représentant de mes confrères de Turquie, qui ont pris part à cette
glorieuse campagne de Crimée ; je vous remercie en leur nom et en
mon nom particulier, et je vous prie de croire qu'ils auraient été
aussi heureux et aussi fiers que moi de pouvoir venir s'asseoir à
cette table, où ils auraient vu de près leurs maîtres illustres, et leurs
confrères, gloire du corps médical de France et de l'armée française.

Messieurs, en conviant aujourd'hui à ce banquet les médecins de
l'armée et de la flotte, vous avez voulu proclamer hautement et une
fois de plus, leur zèle, leur courage, leur dévouement et leur abnégation sur le champ de bataille.

Lorsqu'il s'agit de proclamer et de fêter de pareilles vertus, c'est
la France qui prend toujours l'initiative, comme c'est à la France
aussi que revient l'honneur de précéder les peuples dans la voie
du progrès et de la civilisation ; suivons, Messieurs, la France dans
cette voie et buvons tous à sa prospérité. (Bravos et applaudissements.)

M. le Docteur Rɪcoʀᴅ propose le toast suivant qui est chaleureusement accueilli par l'assistance :

Messieurs et chers confrères,

Après les paroles éloquentes que vous venez d'entendre, j'ose prendre la parole avec confiance, convaincu que vous accueillerez avec sympathie, le toast que je vais vous proposer.

Lorsque le canon a cessé de gronder, lorsque nous n'entendons plus que la détonation pétillante du champagne, nous devons nous souvenir des confrères absents.

Avant, pendant et après les grandes luttes, tous les membres de la famille médicale sont toujours unis et doivent toujours être unis, car ils ont un même but à atteindre . le soulagement de l'humanité ; le même ennemi à combattre, la mort.

Pour qui tombe sur ce champ de bataille, il n'y a pas de nationalité, pas plus que pour celui qui a le bonheur de le secourir.

Dans la grande guerre qui vient de se terminer d'une façon si heureuse, tout le monde a fait son devoir : nous devons à tous des remercîments.

Permettez-moi donc de vous proposer un toast à nos confrères de Russie, aux médecins et aux chirurgiens des armées russes de Crimée.

M. le docteur Mᴀʜᴇᴜx, prononce l'allocution suivante :

Je suis touché des paroles si flatteuses qui viennent de m'être adressées par M. Jules Roux, de Toulon ; je remercie mon honorable confrère du plus profond de mon cœur.

Lorsque j'ai conçu l'idée de cette réunion confraternelle, je n'ai obéi qu'à un sentiment d'admiration pour la glorieuse conduite des médecins de l'armée et de la flotte ; j'ai cru que le corps médical de France, qui a lieu d'être si fier d'eux , se ferait une joie et un devoir de leur en témoigner publiquement sa reconnaissance. Je vois avec bonheur que je ne me suis pas trompé, puisque le corps médical a répondu avec tant d'empressement à mon modeste appel.

Si après l'estime de soi, celle de ses pairs est la plus douce, nos confrères de l'armée doivent être doublement heureux, car chacun de nous peut dire : ils ont bien mérité de la profession. Non seulement ils ont servi honorablement la patrie en se dévouant pour nos soldats sur les champs de bataille , dans les épidémies, mais encore, dans nombre de circonstances, ils se sont souvenus que le médecin se doit à tous ; nos ennemis eux-mêmes ont en effet reçu constamment de leur part des soins aussi empressés qu'ils en eussent trouvé chez leurs propres médecins.

Je dois ajouter du reste, pour être juste, que les officiers de santé de l'armée russe ont fait preuve, a notre égard, des mêmes sentiments d'humanité et que notre pays doit à leur dévouement désintéressé la vie d'un grand nombre de ses braves défenseurs.

Les grandes réunions, dit-on, élèvent l'âme, elles inspirent l'idée du bien. Espérons que celle-ci aura pour heureux résultat de resserrer les liens de la grande famille médicale en développant chez nous l'amour de la vraie, de la pure confraternité, et en faisant comprendre à tous que le meilleur moyen d'honorer la profession, c'est de nous honorer nous-mêmes par une vie médicale exempte de tout reproche.

Je porte un toast à la confraternité médicale!

Les témoignages les moins équivoques de sympathie et de gratitude accueillent ces nobles paroles prononcées par le promoteur du Banquet.

M. le professeur Piorry, dont la muse est toujours prête à chanter toutes les gloires, récite une cantate sur la guerre d'Orient, qui reçoit les acclamations de l'assemblée.

Après le café, l'assistance se répand dans la galerie et les salons de réception, et des glaces, des sorbets, du punch et des cigarres sont offerts aux invités.

Il était plus d'une heure du matin quand les commissaires ont pu se retirer.

Ainsi s'est terminée cette belle fête, imposante et généreuse manifestation en faveur de nos confrères de l'armée et de la flotte, grande pensée dont l'initiative appartient à un jeune et modeste confrère de Paris, M. le docteur Maheux, à qui je suis heureux de rendre un public hommage d'affection et de gratitude. De gratitude, car il a efficacement concouru à la réalisation de la grande pensée qui nous anime ici, l'union confraternelle. L'avons-nous souvent répété! le corps médical ne se connaît pas assez. Toutes les fois que d'heureuses circonstances le mettent en présence de lui-même, il se sent comme étonné et charmé. Il éprouve comme une illumination soudaine de sa force et des prodigieux résultats que produirait son union. Moments précieux, pourquoi passez-vous si vite? Pourquoi ne revenez-vous pas plus souvent? — Amédée Latour.

Le lendemain de la fête, les médecins militaires et de la marine, représentés par une députation, ont été remercier

M. Paul Dubois, président du Banquet, et MM. les membres
de la Commission ; M. Scoutetten, ancien médecin en chef des
hôpitaux de Constantinople, a prononcé les paroles suivantes :

Monsieur le Président,

Les médecins militaires de l'armée d'Orient, reconnaissants de
l'accueil bienveillant et chaleureux des médecins civils de Paris et
de la France, ont voulu, avant de s'éloigner, vous exprimer leurs
sentiments de reconnaissance et de parfaite confraternité.

La fête que vous leur avez donnée, et que vous avez présidée
avec une dignité qui en relève l'éclat, présente un caractère de
grandeur et de noblesse qui frappe tous les esprits. N'écoutant que
vos inspirations, vous avez voulu honorer des actes de courage, de
dévouement ou de ferme résignation. Cette manifestation nous touche et nous élève ; personne, mieux que nos pairs, ne peut être
juge de notre conduite, et, lorsque vous dites qu'elle a répondu aux
sentiments qui vous animent vous-mêmes, la France vous croira,
parce qu'elle sait que vous êtes des hommes de cœur et de haute
intelligence.

Aux bonnes et grandes pensées, vous avez su allier les sentiments généreux ; personne n'a été oublié ; présents et absents ont
eu part à vos souvenirs et à ceux de MM. les membres de la commission ; vous avez honoré les morts et vous voulez consoler les
veuves et les orphelins ; cette sympathie touchante trouvera de l'é-
cho ; les médecins civils et les médecins militaires s'uniront encore dans cet acte de pieuse confraternité, et bientôt des voix re-
connaissantes s'élèveront pour bénir les amis des pères qui n'exis-
tent plus.

Merci, à vous, Monsieur le Président, merci, à vous, Messieurs
les médecins civils ; les annales de notre corps enregistreront soi-
gneusement tous les faits de cette belle et bonne journée.

Après ce discours, M. le docteur Jules Roux, chirurgien en
chef de la marine à Toulon, a pris la parole au nom des médecins de la flotte, et a prononcé quelques mots de remer-
cîment qui ont été vivement accueillis par M. le président et
les membres de la Commission du Banquet.

La commission du banquet ne s'est point borné à
honorer les vivants ; elle a voulu aussi rendre un éclatant témoignage à la mémoire des morts : elle a ouvert
à cet effet, une souscription en faveur des veuves et des
orphelins des médecins qui ont succombé en Orient

victimes de l'épidémie. Nous sommes heureux d'inscrire ici le premier résultat de sa sollicitude (1) :

Souscriptions reçues, du 18 août au 2 septembre. — MM. Paul Dubois, président de la Commission, 200 fr.; Maheux, secrétaire de la Commission, 20 f.; Jamain, 20 fr.; Cerise, 20 fr.; Bouillaud, professeur à la Faculté de médecine de Paris, 100 fr.; Jules Cloquet, 120 fr.; Alex. Mayer, 20 fr. Dechambre, 20 fr.; Chassaignac, 20 fr.; Amédée Latour, 20 fr.; Boinet, 20 fr.; Ricord, 100 fr.; Desmarres 100 fr.; Deleau, 10 fr.; Charrière père, 20 fr.; Charrière fils, 20 fr.; Lerma, 20 fr.; le baron Larrey, 100 fr.; Louis, 50 fr.; Michel Lévy, 100 fr.; Adde-Margras, 20 fr.; Rayer, 100 fr.; Leroy-d'Étiolles, 100 fr.; Le Cœur, de Caen. 20 fr.; Blot, chef de Clinique à la Faculté de médecine 20 fr.; Roux (Jules), de Toulon, 50 fr.; Natalis Guillot, professeur à la Faculté, 40 fr.; Rostan, id., 40 fr.; Jobert de Lamballe, id., 100 fr.; Bouchardot, id., 40 fr.; Moquin Tandon, id., 100 fr.; Nélaton, id., 20 fr.; Piorry, id., 25 fr.; Cruveilhier, id., 50 fr.; Gavarrit, id., 20 fr.; Dumas, 20 fr.; Roger, 40 fr.; Moissenet, 40 fr.; Moynier père, 25 fr.; Tardieu, 20 fr.; Guersant, 20 fr.; sir John Hall, inspecteur général des hôpitaux anglais en Orient, 100 fr.; David Deas, impecteur médical des flottes et hôpitaux maritimes de l'Angleterre dans la mer noire, 100 fr.; John Wyatt, médecin dans la garde de la reine d'Angleterre, 50 fr.; Chailly Honoré, 50 fr.; Vigla, 20 fr.; Hervez de Chégoin, 40 fr.; Montanier, 20 fr., Barbin (de Droué Loir-et-Cher), 20 fr.; le chevalier Comisetti, médecin en chef du corps expéditionnaire sarde, 50 fr.; le docteur Mazzolino, médecin de régiment de 1re classe près le 6e régiment d'infanterie sarde, 50 fr.; Trousseau, professeur à la faculté, 100 fr.

---

(1) La Commission de souscription en faveur des veuves et orphelins des médecins de l'armée d'Orient se compose de MM.
Le baron Paul Dubois, président.
Baudens, membre du conseil de santé des armées.
Bégin, président du conseil du santé des armées.
Bouillaud, professeur à la Faculté de médecine.
Jobert de Lamballe,   id.
Le baron H. Larrey, professeur au Val-de-Grâce.
Michel Lévy, directeur de l'École militaire du Val-de-Grâce.
Nélaton, professeur à la Faculté de médecine.
Rayer, membre de l'Institut.
Ricord (Ph.), chirurgien des hôpitaux.
Maheux, docteur en médecine, secrétaire.
Les souscriptions sont reçues chez M. le baron Paul Dubois, président, rue Monsieur-le-Prince, 12, et chez M. le docteur Maheux, secrétaire, rue des Jeûneurs, 39.
On reçoit les souscriptions des personnes étrangères à la profession médicale.

Souscription ouverte par le Moniteur des Hôpitaux, et dont le produit a été versé entre les mains de M. le doyen de la Faculté.
— MM. Wurtz, professeur à la Faculté de médecine, 20 fr.; J. Regnault, 5 fr.; O. Reveil, 10 fr.; Duchenne de Boulogne, 10 fr.; Gobley, 20 fr.; Mialhe, 20 fr.; Broca, 10 fr.; Guérard, 10 fr.; Buignet, 5 fr.; Maisonneuve, 20 fr.; L. Orfila, 10 fr.; De Castelnau, 10 fr.; Delpech, 10 fr.; A. Thierry, 20 fr.; Collin, ancien officier de santé militaire démissionnaire, 40 fr.; A Foucart, 10 fr.

Total. . . . . 2,790 fr.

LISTE DES PERSONNES QUI ASSISTAIENT AU BANQUET.

INVITÉS.

Médecins militaires étrangers.

Sir John Hall, chevalier commandeur de l'ordre du Bain, inspecteur général des hôpitaux anglais en Orient; David Deas, chevalier de l'ordre du Bain, et inspecteur médical des flottes et des hôpitaux maritimes de l'Angleterre dans la mer Noire; le docteur Wyatt, médecin dans la garde de la reine.

Le chevalier Comisetti, médecin en chef du corps expéditionnaire sarde; le docteur Mazzolino, médecin de régiment de 1ʳᵉ classe près le 6ᵉ régiment d'infanterie.

Le colonel-docteur Sinapian, professeur à l'École de médecine de Constantinople.

Médecins militaires Français.

Médecins inspecteurs.

Baudens, membre du Conseil de santé des armées; Michel Lévy, directeur de l'École de médecine militaire du Val-de-Grâce.

Médecins principaux de première classe.

Cambay; Morgue, médecin en chef à l'hôpital militaire de Lyon; Scoutetten, ex-médecin en chef de tous les hôpitaux de Constantinople; Scrive, ex-médecin en chef de l'armée de Crimée

Médecins principaux de deuxième classe.

Artigues; Guiliano dit Castano; Lustreman, professeur à l'École de médecine militaire; Méry, médecin en chef du 3ᵉ corps de l'armée de Crimée; Mounier, professeur à l'École de médecine militaire.

Médecins-majors de première classe.

Bertrand; Brisset; Caumont; Chenu; Huard; Laforêt; C. Latour; Périer, de l'hôtel des Invalides, ex-médecin en chef de la 3ᵉ division de l'armée d'Orient; Raichon; Thinus; Varlet; Vergesse.

Médecins-majors de deuxième classe.

Armand; Bertrand (du 39ᵉ de ligne); Brivin; Delahaye; Ditz;

Garnier; Lacronique; Legouest, agrégé à l'École de médecine militaire; Masse; Mérimée; Nicolas; Piétri; Tholozan, agrégé à l'École de médecine militaire; Vincent.

Médecins aides-majors de première classe.

Barberet; Billon; Chabrely; Chevassu; Corne; Courboulis; Ely; Germain; Glæsel; de Guillin; Isidore dit Dukerley; Maupon; Mignot; Mouret; Nuzillat; Perrin; de Potor; Puech; Rollet; Rozan; Rueff; Vallois.

Médecins aides-majors de deuxième classe.

Bailly (Th.); Blin; Darcy; Paul Dauvé; Drouet; Lacome (A.); Martin; Morel; Noël; Normand; Poignet; Prévost; Pucelle; Sala; Sancery; Sardou; de Séré; Thomas.

Médecins aides-majors commissionnés.

Chartier (Ed.); Janvier.

Médecin sous-aide.

Hubert de Sainte-Croix.

Pharmacien-major de deuxième classe.

Maublanc.

Médecins de la marine.

A. Bastin, ex-chirurgien sur le vaisseau amiral le *Montebello;* Damicourt, chirurgien-major de la corvette à vapeur l'*Aigle;* Legoarant; Mondière; Morin; Ollivier, chirurgien de 1re classe.

INVITANTS.

Adde-Margras; Allaire; Allevin, de Montreuil-aux-Lions; Andrieux, de Saint-Denis; Arasté, de la Chapelle-Saint Denis; Arnal, médecin de l'Empereur par quartier; Augé, de Pithiviers; Augouard père; Aulet d'Houdan; Auzelly, de Brie-Comte-Robert; Azum, d'Égreville (Seine-et-Marne).

Babut, de Clermont-Ferrand; Barailler, médecin en chef de la marine à Toulon; Barbin, de Droué (Loir-et-Cher); Bardinet, professeur à l'École de médecine de Limoges; Baret; Baroilhet; Barthélemy, de Saumur, médecin-major en retraite; Balbie, de Meudon; Bédor fils, de Troyes; Bédor père, de Troyes; Bécourt; Becquet, de Neuilly; Bégin, président du Conseil de santé des armées; Bellière, d'Houdan; Berger, de Bischwiller (Haut-Rhin); Bergeron, médecin des hôpitaux; Bergonier; Beugnot, Bigelow; Bigot, de Montmartre; Bisson; Blanc; Blatin; Blondet, interne des hôpitaux; Boinet, membre de la Société de chirurgie; Bonjean, pharmacien à Chambéry; Bonnafont, médecin de l'hôpital militaire du Roule; Bossu; Boucher-de-la-Ville-Jossy, médecin des hôpitaux; Boué; Bouillaud, professeur à la Faculté de médecine; Bouland; Boulland, de Limoges; Bourdin; Boutin de Beauregard; Brawaski, de Chaumont (Oise); Brière de Boismont; Brochin, rédacteur en chef de la *Gazette des hôpitaux;* Brou, de Maisons-Laffitte.

Cabanellas, secrétaire-général de l'Association des médecins de la Seine ; Cadet, de Maintenon ; Calvo ; Campbell ; Camus, médecin-major au 2ᵉ carabiniers, à Versailles ; Capron ; Caron ; Carrère ; Cellières ; Cerise ; Chabory, de Moy (Aisne) ; Chambard, de Lyon , Chamerot ; Charrière père ; Charrière fils ; Chassaignac, chirurgien des hôpitaux ; Chenet, de Belleville ; Chénier, d'Orsay (Seine-et-Oise) ; Civiale, membre de l'Institut ; le chevalier Chermiside ; Jules Cloquet, professeur à la Faculté de médecine ; Collin, de la Villette ; Combe, de Saint-Germain-en-Laye ; Cominal, aide-major au 6ᵉ chasseurs à cheval, à Verdun ; Compérat ; Conneau, premier médecin de l'Empereur ; Contour ; Coster ; Courtin, de Valenciennes ; Crestey.

Dassonneville ; Dechambre, rédacteur de la *Gazette hebdomadaire de médecine et de chirurgie* ; Déclat ; Deflandre, de Bohain (Aisne) ; Dehaut, pharmacien ; Delage ; Delanglard ; Delarue ; Deleau jeune ; Delmas, médecin-major, secrétaire-adjoint du Conseil de santé des armées ; Denisart ; Deperrière, de Saumur (Maine-et-Loire) ; Dequevauvillers ; Deschaumes ; Desmarres, professeur d'ophtalmologie ; Desprez, chirurgien des hôpitaux ; Detouches ; Deval ; Devergie, médecin des hôpitaux ; Deverre ; Doquin, médecin-major au 16ᵉ régiment de ligne ; le baron Paul Dubois, doyen de la Faculté de médecine, président de la commission du banquet ; Dubois, de Montfermeil ; Dubuc, de Monville (Seine-Inférieure) ; Duchenne, de Boulogne ; Duchesne, du Hâvre ; Ducommun ; Ch. Dufour ; Dufour, aide-major à Saint-Germain-en-Laye ; Dumas ; Dupertuis, de Champigny ; Dupont ; Durozier ; Durriau ; Duval, de Chaillot ; Duvivier.

Espérou.

Faivre ; Falret, médecin des hôpitaux ; Fantin ; Faure, médecin à l'hôpital des Invalides ; le professeur Faye, de Christiania, médecin de S. M. le roi de Suède ; Ferrand, de la Petite-Villette ; Fiaux ; Filhos ; Finot, de La Chapelle-Saint-Denis ; Foucault, de Nanterre ; Fouques ; Fourneret, de Fontainebleau ; Fournier-Deschamps ; Furnari.

Galet ; Germer-Baillière ; Giboin ; de Gislain, de Montargis (Loiret) ; Girault, de Rambouillet ; Godelier, professeur au Val-de-Grâce ; Gorlier, de Rosny (Seine-et-Oise) ; Gosselin, chirurgien des hôpitaux ; Goupil ; Grenet ; Jules Guérin, rédacteur en chef de la *Gazette médicale* ; Guersant, chirurgien des hôpitaux ; Guillon père ; Guillon fils.

Hadou, d'Armentières (Nord) ; Handvogel ; Harsans, de Rambouillet ; Heath, premier aide-chirurgien à l'hôpital de Manchester ; Hénoque ; Henri de Navenne ; Hericé, de Livourne (Gironde) ; Hervé, de Lavaur ; Hervez de Chégoin ; le baron Heurteloup ; Houzelot, de Meaux ; Hulard, de Monville (Seine-Inférieure) ; Hurteaux ; Hutin, médecin en chef de l'hôpital militaire des Invalides.

Jallon, d'Orléans ; Jamain, rédacteur de la *Gazette des hôpitaux* et des *Archives d'ophtalmologie* ; Janin ; Jobert de Lamballe.

professeur à la Faculté de médecine; Josias, de Charenton-Saint-Maurice ; Junod ; Juzanx, aide-major au 13° de ligne.

Kunckel.

Labé; Labitte, de Clermont (Oise); Lacipière, aide-major à l'artillerie à pied de la garde à Versailles; Lacroix, de Fontenay-aux-Roses; Lagneau, membre de l'Académie de médecine; Laloy, de Belleville; Lamaestre; le baron Larrey, sous-directeur et professeur de l'École militaire du Val-de-Grâce; Larroze; Amédée Latour, rédacteur en chef de l'*Union médicale;* Lebreton; Le Cœur, de Caen; Lécorché, interne des hôpitaux; Lefebvre; Lefebvre (Alfred); Lefol; Legendre, médecin des hôpitaux; Legoux, docteur en médecine, pharmacien en chef de l'hôpital militaire de Saumur; Lemaire; Lerma; Leroy-d'Étiolles; Leroy-des-Barres, de Saint-Denis; Leroy-Dupré; Le Sourd frères; Lhoste, aide-major au 17ᵉ de ligne; de Lignerolles, à Lignerolles (Calvados); Lisle; Loiseau, à Montmartre; Lorne; Lubanski, à Longchène près de Lyon; Lucas, d'Orléans; Lucas-Championnière; Lucien Boyer; Lüer.

Machelard ; Maher, directeur du service de santé à Rochefort; Maheux, secrétaire-trésorier de la commission du banquet; Maigrot, de Saint-Dizier; Maillot, médecin-inspecteur du service de santé des armées; Maisonneuve, chirurgien des hôpitaux ; Malingre ; Manget; Marchal (de Calvi), agrégé libre de la Faculté de médecine; Margain, chirurgien de la marine; Marie; Martin, médecin-major; Massiani, de Melun; Mathieu; Mathieu, fabricant d'instruments de chirurgie; Mattei; Alex. Mayer, médecin de l'inspection générale de la salubrité et de l'hospice des Quinze-Vingts; Mazard, de Limoges; Meding, président de la Société médicale allemande; Meliet de Saint-Arnoult; Mennessier; Mesnet; Meurdefroy; Mialhe, pharmacien de l'Empereur; Michel; Migon; Moissenet, médecin des hôpitaux; Monod, chirurgien des hôpitaux; Montée; Mouzard ; Moynier.

Nélaton, professeur à la Faculté de médecine; Nicot.

Obiglio Buchey; Olliffe, médecin de l'ambassade d'Angleterre; Orliguier, de Chevreuse (Seine-et-Oise); O'Rorke; Otterbourg; Ozouf.

Paquet, de Roubaix; Paris, de Gray; Pelport; Perdrix, secrétaire général honoraire de l'Association des médecins de la Seine; Perron; Pétel, du Cateau (Nord); Petit, de Château-Thierry (Aisne); Peyre, médecin à l'hôtel impérial des Invalides; Peyron, de Marines (Seine-et-Oise); Piedallu, d'Ouzouer-le-Marché (Loir-et-Cher); Pinault, de Châteauroux (Indre); Pineau, interne des hôpitaux; Piorry, professeur à la Faculté de médecine; Pirault-des-Chaumes, de Puteaux ; Plouviez; Poggioli; Portallier; Poterin-Dumotel; Protheroe-Smith ; Putel, de Neuilly (Seine).

Quinement, de Muron (Charente-Inférieure).

Raciborski, ancien chef de clinique de la Faculté; Rampont, de Villiers-le-Bel (Seine-et-Oise); Raoul, de Toulon; Rapatel, de Brunoy; Rayer, membre de l'Institut; Reboul, de Lisieux; Riboulet,

médecin principal, secrétaire du Conseil de santé des armées,
Richard, d'Évreux; Richelot; Ricord (Ph.) chirurgien des hôpi-
taux; Riégé; Riembault; Rego di Macedo, médecin en chef de
l'armée brésilienne; Rochard; Roelands, de Courbevoie; Rogé, de
Guîtres; Henri Roger, médecin des hôpitaux; Rousset; Jules
Roux, chirurgien en chef de la marine à Toulon.

De Saint-Germain, interne des hôpitaux; de Saint-Jean; de
Saint Martin-de-la-Plagne, de Nantes; Samson; Sarret; Schœpf;
Ségalas; Sellier; Semelaigne, de Neuilly; Sénard, chirurgien principal adjoint à l'inspection générale du service de santé de la marine; de Seré; Sestier, médecin des hôpitaux; Shrimpton, Sichel.
professeur d'ophthalmologie; Simonot; Surbled, de Corbeil (Seine
et-Oise).

Ambroise Tardieu, médecin des hôpitaux; Tassel, interne des
hôpitaux; Theuillier, médecin major de la gendarmerie de la
Seine; Thibaut; Thinus, pharmacien à Fontainebleau; Thomas, de
Longueville; Tiger; Tourmier; de Trétaigne.

Ulcocq.

Vaillant, membre du Conseil de santé des armées; Varin, de
Metz; Vaucanu, d'Yvetot (Seine-Inférieure); Verdé de Lisle; Ver-
dier; Vergne; Verret, de Villeneuve-de-Berg (Ardèche); Veron, de
Vertus (Marne); Vidal, de Poitiers; Villeneuve; Vincenot, de Gen-
tilly; Voisin médecin des hôpitaux; Vosseur.

Wertheim.

Le baron Yvan.

Zurcher.

**Nous allons maintenant transcrire textuellement les
divers articles que les organes de la presse médicale ont
consacrés à l'appréciation de la fête du 20 août.**

Gazette des Hôpitaux. (23 août.)

« Le banquet a répondu à tout ce que nous en avions espéré, à
tout ce qu'on pouvait désirer. Il a été, en même temps qu'une
brillante et joyeuse fête de famille, un hommage éclatant auquel
les médecins de l'armée et de la marine n'ont pas dû rester insen-
sibles. Le caractère de cette manifestation était relevé encore par
la présence des délégués de la médecine militaire et navale des
puissances alliées. Ainsi se trouvaient confondus dans une même
expression de reconnaissance et d'admiration tous les médecins
des diverses nations. qui ont accompli avec le même zèle, le même
dévouement et une égale intelligence des devoirs que les circonstances rendaient pour tous si difficiles et si périlleux. C'était même
là le caractère principal de cette grande et belle manifestation, de
réunir sans distinction de rang, dans une seule et même ovation,
tous les services, à quelque titre, en quelque temps et lieux qu'ils

aient été rendus, sur le champ de bataille ou dans l'ambulance, en présence du choléra ou du typhus. C'était évidemment la pensée générale. Nous sommes heureux qu'elle ait été enfin comprise ainsi par tout le mode. Aussi est-ce avec une vive satisfaction que nous avons vu figurer à cette fête tous les médecins de l'armée d'Orient, que leur éloignement de Paris ou des causes majeures n'avaient point retenus. Quelques-uns même n'ont pas craint de franchir les plus grandes distances pour s'y rendre : qu'ils en reçoivent nos remercîments.

» Nous renonçons à peindre la physionomie de cette réunion, qui empruntait à la splendeur du lieu et à la richesse des uniformes de nos confrères militaires un éclat particulier. Mais ce qui était encore au-dessus du coup d'œil, c'était l'expression de bonne et franche cordialité qu'on lisait sur toutes les figures..... »

Gazette médicale de Paris. (23 août.)

« Le corps médical réuni, mercredi dernier, dans le vaste salon de l'hôtel du Louvre était appelé à célébrer une fête de famille, qui est la première de ce genre dont notre corporation ait donné l'exemple. Cette réunion était imposante par le nombre des médecins accourus des divers points de la France, praticiens civils de toutes les localités, médecins de l'armée et de la flotte de tous les rangs. Des délégués officiels y représentaient la médecine anglaise, piémontaise et turque. Près de cinq cents convives étaient ainsi réunis par les soins de la commission du banquet et traités avec une parfaite convenance.....

Gazette hebdomadaire de Médecine et de Chirurgie. (22 août.)

« Le banquet offert par le corps médical aux médecins de l'armée et de la flotte d'Orient a eu lieu hier, 20 août, à l'hôtel du Louvre. La grande salle de cet hôtel, ornementée dans le goût des galeries de nos palais royaux, presque aussi vaste, étincelante de lumières, était traversée dans toute sa longueur par quatre tables de plus de cent couverts chacune, autour desquelles les broderies du costume militaire, les croix, les cordons, l'habit rouge anglais, le béret turc, rompaient de la façon la plus pittoresque les longues files d'habits noirs. Quatre vingt-dix invités environ étaient reçus par près de quatre cents souscripteurs. On peut affirmer en toute assurance que, sans les froissements qui se sont produits au début de la souscription, et qui n'ont pas seulement jeté l'hésitation dans le corps médical, mais ont encore amené des embarras d'une autre sorte et de plus sérieux, on peut, disons-nous, affirmer que plus de six cents convives seraient venus prendre part à cette fête confraternelle ; car, du moment où l'on a su que le banquet se ferait décidément, le mouvement de la souscription a pris une activité remarquable : plus de cent confrères se sont présentés le dernier jour, quelques-uns trop tard pour être admis. On a vu avec plaisir au sein de la réunion ceux-là mêmes qui n'en avaient pas tout d'abord approuvé la pensée.

« Au dessert, M. Paul Dubois, président de la commission, a pris la parole pour exprimer les sentiments qui avaient conduit à cette manifestation une si notable partie du corps médical ; pour rendre hommage au courage, à l'humanité, au talent de nos confrères de l'armée et de la flotte ; pour adresser enfin un douloureux souvenir à ceux qui sont tombés sur le champ de bataille ou dans les hôpitaux, et appeler la sympathie sur leurs veuves et leurs enfants. Nous donnons ci-après ce discours, qui a été, presque à chaque phrase, interrompu par de vifs applaudissements, et qui le méritait bien par l'à-propos et par la forme élevée de la pensée. Le discours de M. P. Dubois se terminait par plusieurs toasts successifs, auxquels ont répondu tour à tour MM. Bégin, Jules Roux (de Toulon), Baudens, etc.

Le *Moniteur de l'Armée* a publié l'article plein de bienveillance pour les officiers de santé, qu'on va lire :

« Le président de la commission instituée pour diriger les détails de cette solennité, M. Paul Dubois, avait groupé autour de lui, outre les représentants de la médecine militaire de nos alliés, l'honorable M. Bégin, président du conseil de santé de nos armées, MM. Michel Lévy et Baudens, médecins inspecteurs qui ont successivement été chargés de la direction supérieure du service médical en Orient, et les médecins principaux qui ont eu, sous leurs ordres, le commandement du nombreux personnel exigé par les besoins sanitaires de notre intrépide armée.

» Le nombre des convives était d'environ cinq cents ; on y voyait figurer toutes celles des illustrations de la science, présentes à Paris, qui avaient pu se joindre à leurs collègues en ce jour mémorable, où il s'agissait de célébrer des services que les circonstances ont rendus si difficiles et si périlleux.

» Dans toutes les phases de la guerre d'Orient, en effet, les membres du corps médical ont dû lutter avec toute la force d'âme, toute l'énergie d'hommes supérieurs qui prennent au sérieux les mots *devoir, abnégation, sacrifice,* contre les dangers et les fatigues du champ de bataille, contre les terribles conséquences du choléra et du typhus, qui ont fait dans leurs rangs plus de quatre-vingts victimes.

» M. Dubois, a retracé, avec une parfaite convenance, les sentiments dont tous les médecins civils de la réunion étaient animés pour les dignes et honorables confrères qu'ils étaient venus fêter. »
— Hausmann.

Le *Moniteur universel,* enfin, le journal officiel de 'empire, dans ses numéros des 26 et 27 août, a reproduit tous les toasts portés dans cette mémorable réunion.

Les autres organes de la presse politique elle-même, qui avaient mis le même empressement que la presse médicale à accueillir les notes et avis de la commission du banquet, ont inséré spontanément la plupart des toasts.

Le 20 août 1856 prendra rang parmi les grandes dates.

Nous croyons ne pouvoir mieux terminer ce compte rendu qu'en donnant la liste des médecins de l'armée et de la flotte qui ont succombé pendant le cours de la guerre d'Orient :

Officiers de santé militaires.

Médecin principal de 2ᵉ classe.

Mestre. — Volage.

Médecins-majors de 1ʳᵉ classe.

Lagèze. — Hahn. — Mamelet. — Félix. — Goutt. — Frette-Damicourt. — Moulinier. — Bonnet-Mazimbert. — Vergesse.

Médecins-majors de 2ᵉ classe.

Pontier. — Bert. — Monier. — Michel. — Beaucamp. — Ancinelle. — Fratini. — Michelet. — Tavernier. — Mercier. — Braunwald. — Brumens. — Girard. — Peyrusset. — Rampont. — André. — Berthemot. — Puel. — Pégat. — Leclerc.

Médecins aides-majors de 1ʳᵉ classe.

Gérard. — Barre. — Robelin. — De Redenat. — Marquès. — Lasserre. — Trinquier. — Le Clère. — Cordeau. — Savaële. — Dulac. — Gueury. — Mittenberger. — Précy. — Gillin. — Perrin. — Lamarque. — Molinard. — Desblancs.

Médecins aides-majors de 2ᵉ classe.

Plassan. — Stefani. — Dumas. — Bailly. — Duméril. — Senaux. — Causse. — Couzier. — Videt. — Lardy. — Dartigaux. — Sagne. — Forget. — Ragu. — Fournier. — Demanet.

Médecins aides-majors commissionnés.

Villain. — Masson. — Bouquerot. — Le Ker. — Servy.

Médecins sous-aides.

Jacob. — Sautier. — Godquin.

Pharmacien-major de 2ᵉ classe.

Fresneau.

Pharmaciens aides-majors de 1ʳᵉ classe.

Musard. — Gontier. — Granal.

Pharmaciens aides-majors de 2ᵉ classe.

Claquart. — Boussard. — Carron.

Chirurgien sous-aide.

Verneau.

Officiers de santé de la marine.

Chirurgiens de 1ʳᵉ classe.

Le Coot Kernoter. — Tanquerey.

Chirurgiens de 2ᵉ classe.

Le Bos. — Macé. — Simon.

Chirurgiens de 3ᵉ classe.

Dubourg. — Garnier.

Chirurgiens auxiliaires de 3ᵉ classe

Favel. — Lafon. — Robert. — Stefani.

Les membres de la Commission du Banquet,

Le baron Paul Dubois, doyen de la Faculté de médecine, président de la Commission.

Maheux, docteur en médecine, secrétaire-trésorier de la Commission.

Boinet, membre de la Société de chirurgie.

Bouillaud, professeur à la Faculté de médecine.

Cerise, docteur en médecine.

Chassaignac, chirurgien des hôpitaux.

Dechambre, rédacteur en chef de la *Gazette hebdomadaire de médecine et de chirurgie.*

Jamain, rédacteur de la *Gazette des Hôpitaux* et des *Archives d'ophthalmologie.*

Latour (Amédée), rédacteur en chef de l'*Union médicale.*

Mayer (Alex.), médecin de l'inspection générale de la salubrité et de l'hospice des Quinze-Vingts.

Nélaton, professeur à la Faculté de médecine.

Rayer, membre de l'Institut.

Ricord (Ph.), chirurgien des hôpitaux.

www.ingramcontent.com/pod-product-compliance
Lightning Source LLC
LaVergne TN
LVHW021052050726
842519LV00003B/1128